Bibliografische Information der Deutschen Nationalbibliothek:

Die Deutsche Bibliothek verzeichnet diese Publikation in der Deutschen National-
bibliografie; detaillierte bibliografische Daten sind im Internet über http://dnb.d-
nb.de/ abrufbar.

Impressum:

Copyright © 2019 GRIN Verlag
Druck und Bindung: Books on Demand GmbH, Norderstedt Germany
ISBN: 9783668999367

Dieses Buch bei GRIN:

https://www.grin.com/document/461502

Johann Schulz

**Was ist Cloud Computing? Eine Bewertung der Vor- und
Nachteile anhand der Microsoft-Plattform "Azure"**

GRIN Verlag

GRIN - Your knowledge has value

Der GRIN Verlag publiziert seit 1998 wissenschaftliche Arbeiten von Studenten, Hochschullehrern und anderen Akademikern als eBook und gedrucktes Buch. Die Verlagswebsite www.grin.com ist die ideale Plattform zur Veröffentlichung von Hausarbeiten, Abschlussarbeiten, wissenschaftlichen Aufsätzen, Dissertationen und Fachbüchern.

Besuchen Sie uns im Internet:

http://www.grin.com/

http://www.facebook.com/grincom

http://www.twitter.com/grin_com

FOM Hochschule für Oekonomie & Management Essen

Standort: Stuttgart

Berufsbegleitender Studiengang zum

Master of Science (IT Management)

1. Semester

Seminararbeit in IT Architektur

Bewertung des Einsatzes von Cloud Computing im Unternehmenskontext

- Am Beispiel der Cloud Computing Plattform MS Azure

Autor: Johann Schulz

Inhaltsverzeichnis

ABKÜRZUNGSVERZEICHNIS

CSP	Cloud Service Provider
EU	Europäische Union
EWR	Europäischer Wirtschaftsraum
IaaS	Infrastructure as a Service
NIST	National Institute of Standards and Technology
PaaS	Plattform as a Service
SaaS	Software as a Service
SLA	Service Level Agreement

ABBILDUNGSVERZEICHNIS

1. Einleitung

Cloud Computing ist in aller Munde. Diverse populäre Unternehmen wie Microsoft (MS), Amazon sowie Google bewerben ihre Cloud-Angebote und machen somit Cloud Computing nicht nur für den Privatanwender interessant, sondern auch für die Unternehmen.

Das Cloud Computing ist in den vergangenen Jahren von einem Hype-Schlagwort zu einem ernstzunehmenden Wirtschaftszweig angewachsen.[1]

Aufgrund mangelnder internationaler Normen und Standards, interpretieren Service-Provider und Hardware-Hersteller den Begriff Cloud Computing auf verschiedenster Weise.[2] Einer repräsentativen Umfrage vom Bundesverbraucherministerium zeigt, dass nicht mal jeder Zweite Internetuser in der Lage den Begriff Cloud Computing zu definieren.[3] Grundsätzlich besteht eine Vielzahl an ungesicherten Informationen über das Thema, so dass auch die konkreten Vor- und Nachteile des Cloud Computings in Unternehmen unbekannt bleiben.

In der vorliegenden Seminararbeit wird zunächst auf den Begriff des Cloud Computings und seine Definitionsproblematik eingegangen. Anschließend werden die verschiedenen Ebenen der Cloud Services näher beschrieben, bevor dann die Vor- und Nachteile von Cloud Computing im Unternehmenskontext aufgezeigt werden. Um das Thema abzurunden und transparenter zu gestalten, wird danach auf die Microsoft Azure Cloud mit ihren Vor- und Nachteilen eingegangen.

Das Ziel der vorliegenden Seminararbeit besteht darin die Vor- und Nachteile des Cloud Computings Unternehmenssicht abzuwägen. Darauf aufbauend soll dargestellt werden, inwiefern der Einsatz der Azure-Cloud für Unternehmen sinnvoll ist. Um das Thema abzurunden, fasst der Autor die gewonnen Erkenntnisse zusammen und wagt einen Blick in die Zukunft des Cloud Computings.

---

[1] Vgl. Kohne, A., Cloud-Föderationen., 2018, S.1.
[2] Vgl. Brünger, C., Damhorst, S., Lissen, N.: IT-Services, 2014, S.1.
[3] Vgl. Brünger, C., Damhorst, S., Lissen, N.: IT-Services, 2014, S.1.

2. Theoretische Grundlage

2.1. Definition des Begriffs Cloud Computings

Der Begriff des Cloud Computing geht auf Ramnath K. Chellappa, Professor für Informationstechnologien der Goizueta Business School. zurück. Seit 1997 ist der Begriff des Cloud Computings allgegenwärtig, jedoch gibt es rund zehn Jahre später, immer noch keine einheitliche Definition des Cloud Computings.[4]

Auf die Frage, was unter Cloud Computing zu verstehen ist, reichen die Antworten von „IT-Outsourcing-Modell" über „IT Architektur" und „SaaS" bis „Software-Virtualisierung".[5]

Das Wort „Cloud" lässt sich aus dem Englischen mit „Wolke" übersetzen. Die Wolke stellt die Metapher dar, dass der physische und geographische Speicherort von Daten für den Nutzer nicht mehr erkennbar ist. Früher hieß es Daten sind „im Netz", mittlerweile wird immer öfter die Wendung „in der Cloud" verwendet. Dabei werden damit umgangssprachlich vorwiegend im Internet befindliche Daten bezeichnet.[6] Wie die Daten hierbei innerhalb des Internets ausgetauscht werden, ist von außen nicht direkt sichtbar.[7]

Darauf aufbauend wird der Begriff „Cloud Computing" wie folgt definiert:

„Unter Ausnutzung virtualisierter Rechen- und Speicherressourcen und modernen Webtechnolgien stellt Cloud Computing skalierbare, netzwerkzentrierte, abstrahierte IT-Infrastrukturen, Plattformen und Anwendungen als On-Demand-Dienst zur Verfügung. Die Abrechnung dieser Dienste erfolgt nutzungsabhängig."[8]

In Ergänzung dazu wurde von BITKOM, dem Bundesverband Informationswirtschaft, Telekommunikation und neuen Medien e.V., folgende Definition vorgeschlagen:

„Cloud Computing ist eine Form der Bereitstellung von gemeinsamen nutzbaren und flexibel skalierbaren IT-Leistungen durch nicht fest zugeordnete IT-Ressourcen über Netze. Idealtypische Merkmale sind die Bereitstellung in Echtzeit als Self-Service auf Basis von Internet-Technologien und die Abrechnung von Nutzung."[9]

Die wohl bekannteste Definition, welche in Fachkreisen meist herangezogen wird, kommt vom „National Institute of Standards and Technology" (NIST).[10]

---

[4] Vgl. Reinheimer, S., Cloud Computing, 2018, S.8.
[5] Vgl. Münzl, G., Reti, M., Pauly, M., Cloud Computing, 2015, S. 7 zitiert nach http://www.wolfgang-martin-team.net/download/ Bulletin_XaaSCheck2010_finsec.pdf (Zugriff 12.12.2018).
[6] Vgl. Bedner, M., Cloud Computing, 2012, S.22.
[7] Vgl. Bedner, M., Cloud Computing, 2012, S.22.
[8] Braun, C. et al., Cloud Computing. 2010, S. 27.
[9] https://www.bitkom.org/sites/default/files/file/import/090921-BITKOM-Leitfaden-CloudComputing-Web.pdf, Zugriff am 15.01.2019.
[10] Vgl. Kroschwald, S., Cloud, 2015, S.7.

NIST definiert Cloud Computing wie folgt:

„Cloud computing is a model for enabling ubiquitous, convenient, on-demand network access to a shared pool of configurable computing resources (e.g., networks, servers, storage, applications, and services) that can be rapidly provisioned and re- leased with minimal management effort or service provider interaction."[11]

Somit wird das Cloud Computing als ein Modell, welches den ortsungebundenen und komfortablen Zugriff über ein Netzwerk auf einen Pool von Ressourcen ermöglicht skizziert. Dieser Pool der Ressourcen, kann von mehrere Anwender verwendet werden.[12] Dabei zählen zu den bereitgestellten Ressourcen Netzwerke, Speicherplatz, Rechenleistung, Anwendungen und weitere Dienste, die sofort ohne menschliche Interaktion zwischen Cloud Anwender und Cloud-Anbieter, an den tatsächlichen Bedarf angepasst, genutzt werden können.[13]

Die NIST stellt die präziseste Definition dar. Sie beinhaltet alle relevanten Eigenschaften, Merkmale und Kriterien.[14]

Man könnte hier noch unzählige Definitionsversuche aufführen, jedoch würden die wesentlichen Merkmale für Cloud Computing mehrfach vorkommen.

Dennoch sollte davon abgesehen werden, die einzelnen Punkte zu engstirnig zu sehen. So wird z.B. eine ubiquitäre Verfügbarkeit bei Privaten Clouds eventuell gar nicht angestrebt.[15]

Für den weiteren Verlauf der vorliegenden Arbeit wird, angelehnt an NIST, folgende Arbeitsdefinition des Cloud Computing zu Grunde gelegt:

„Cloud Computing bezeichnet das dynamisch an den Bedarf angepasste Anbieten, Nutzen und Abrechnen von IT-Dienstleistungen über ein Netz.

Angebot und Nutzung dieser Dienstleistungen erfolgen dabei ausschließlich über definierte technische Schnittstellen und Protokolle. Die Spannbreite, der im Rahmen von Cloud Computing angebotenen Dienstleistungen umfasst das komplette Spektrum der Informationstechnik und beinhaltet unter anderem Infrastruktur (z. B. Rechenleistung, Speicherplatz), Plattformen und Software."[16]

---

[11] Vgl. Kroschwald, S., Cloud., 2015, S.7.
[12] Vgl. Reinheimer, S., Cloud Computing, 2018, S.8.
[13] Vgl. Reinheimer, S., Cloud Computing, 2018, S.8.
[14] Vgl. Appelrath, H., Kagermann, H., Mayer, C.: Future, 2012, S.134.
[15] Vgl. https://www.bsi.bund.de/DE/Themen/DigitaleGesellschaft/CloudComputing/Grundlagen/, Grundlagen_node.html, Zugriff am 05.02.2019.
[16] Vgl. https://www.bsi.bund.de/DE/Themen/DigitaleGesellschaft/CloudComputing/Grundlagen/ Grundlagen_node.html, Zugriff am 05.02.2019.

2.2. Cloud Architekturen

Cloud-Computing-Architekturen lassen sich aus zwei differenzierten Gesichtspunkten betrachten – Zum einen aus der organisatorischen Sicht und zum anderen aus der technischen Sicht.[17]

In Kapitel 2.2.1 geht der Autor auf die organisatorische Sicht ein, welche sich in die Aspekte „Public Cloud", „Privat Cloud" sowie Hybride-Cloud" unterteilen lässt. In Kapitel 2.2.2 wird vom Autor die technische Sicht der Cloud-Computing Architektur erläutert.

2.2.1. Delivery Modelle des Cloud Computings

Mit dem Begriff Public Cloud, oder auch External Cloud, werden jene Cloud-Angebote, bei denen die Dienstleister bzw. Anbieter nicht derselben organisatorischen Einheit, wie die Benutzer zugehörig sind, beschrieben.[18]

Der Cloud-Provider ist hierbei im Besitz der Infrastruktur, der Software und allen weiteren benötigten Infrastrukturkomponenten.[19] Der Dienstleister hat außerdem, die Hoheit über die Bestimmung der Betriebsprozesse und Sicherheitsmaßnahmen.[20]

Über das Internet, meist in Form von, vom Anbieter bereitgestellten, Web-Portalen, kann auf das Public Cloud Angebot zugegriffen werden.[21] In dem Web-Portal haben die Benutzer, durch einen simplen Anmeldeprozess, die Option, das bereitgestellte Cloud-Angebot spezifizieren zu können. Durch die hoch-standardisierten Geschäftsprozess-, Anwendungs- und/oder Infrastrukturservices, können den Kunden ein preisgünstiges Cloud-Nutzungs-Angebot zur Verfügung gestellt werden.[22] Ein wesentlicher Vorteil bei der Nutzung einer Public Cloud ist, dass die Investitionskosten gering sind. Die Abrechnung der Dienste erfolgt zudem auf einer variablen „Pay per use"-Basis.[23]

Durch den hohen Standardisierungsgrad, ist es nicht möglich individuelle Anforderungen des Cloud-Users umzusetzen. Zudem ist die Public Cloud hinsichtlich ihrer Sicherheit und

---

[17] Vgl. Braun, C. et al., Cloud Computing, 2010, S. 27.
[18] Vgl. Braun, C. et al., Cloud Computing. 2010, S. 27.
[19] Vgl. Münzl, G., Reti, M., Pauly, M., Cloud Computing, 2015, S. 13.
[20] Vgl. Münzl, G., Reti, M., Pauly, M., Cloud Computing, 2015, S. 13.
[21] Vgl. Braun, C. et al., Cloud Computing, 2010, S. 28.
[22] Vgl. Münzl, G., Reti, M., Pauly, M., Cloud Computing, 2015, S. 14ff.
[23] Vgl. ebd., S.14ff.

Performance eingeschränkt.[24] Beispiele für Anbieter der Public Cloud sind u.a. der Amazon Webservice (AWS) sowie Microsoft 365.[25]

Die Private Cloud, auch Internal oder Enterprise Cloud genannt, stellt den Gegenpart zur Public Cloud dar.[26]

Im Gegensatz zu der Public Cloud, befinden sich Cloud-Provider und Nutzer des Cloud-Services in derselben (Unternehmens-)Organisation.[27] Die Private Cloud-Form, stellt eine, auf Basis einer Cloud-Architektur, entwickelte unternehmensindividuelle und oft vom Unternehmen selbst betriebene Cloud-Umgebung dar.[28] Der Zugang ist dabei nur auf das Unternehmen selbst, evtl. noch auf Geschäftspartner/Dritte, Kunden und Lieferanten beschränkt.[29] Als Hauptgrund für den Einsatz einer Private-Cloud werden zumeist Sicherheitsgründe angeführt.[30] Der Zugriff erfolgt über das unternehmensinterne Netzwerk oder über dedizierte Netzwerke.[31]

Eine Kombination aus Public und Private Cloud wird als Hybride Cloud bezeichnet.[32] In diesem Konzept werden bestimmte IT-Services oder Funktionalitäten in die Public Cloud ausgelagert, damit der Regelbetrieb in der Privaten Cloud unbeeinträchtigt weiter erfolgen kann.[33] Somit hat der Anwender die Möglichkeit zu entscheiden, welche Ressourcen mit besonderem Schutz behandelt werden, zudem ist er nicht auf seine vorgegebene Kapazität seiner Private Cloud beschränkt. Der User kann in Zeiten hoher Systemauslastungen über die Public Cloud seine Ressourcen erweitern, ohne seine eigene IT-Infrastruktur erweitern zu müssen.[34] Der Nutzer hat hierbei keine Kenntnis darüber, ob sich die Ressource in der privaten oder Public Cloud befindet – Er befindet sich in einer homogenen Umgebung.[35]

---

[24] Vgl. ebd. S.14ff.
[25] Vgl. Barton, T., E-Business, 2014, S. 45.
[26] Vgl. Münzl, G., Reti, M., Pauly, M., Cloud Computing, 2015, S. 14.
[27] Vgl. Braun, C. et al., Cloud Computing, 2010, S. 28.
[28] Vgl. Münzl, G., Reti, M., Pauly, M., Cloud Computing, 2015, S. 14.
[29] Vgl. Barton, T., E-Business, 2014, S. 45.
[30] Vgl. Braun, C. et al., Cloud Computing, 2010, S. 28.
[31] Vgl. ebd., S. 28.
[32] Vgl. ebd., S. 29.
[33] Vgl. Reinheimer, S., Cloud Computing, 2018, S. 8ff.
[34] Vgl. ebd., S.8ff.
[35] Vgl. ebd., S.8ff.

2.2.2. Deployment Modelle des Cloud Computings

Im vorausgegangenen Abschnitt 2.2.1 wurde vom Autor, die möglichen Bereitstellungs- und Nutzungsmöglichkeiten des Cloud-Computings dargestellt. Das Ziel dieses Abschnittes besteht darin, dem Leser die Cloud-Computing Architektur aus technischer Sicht aufzuzeigen und dabei kurz und dabei prägnant auf die einzelnen „Schichten" der Cloud-Computing Architektur einzugehen.

Die die drei Hauptschichten, basieren auf dem Everything-as-a-service-Paradigma (XaaS), werden in der Abbildung 1 dargestellt:[36]

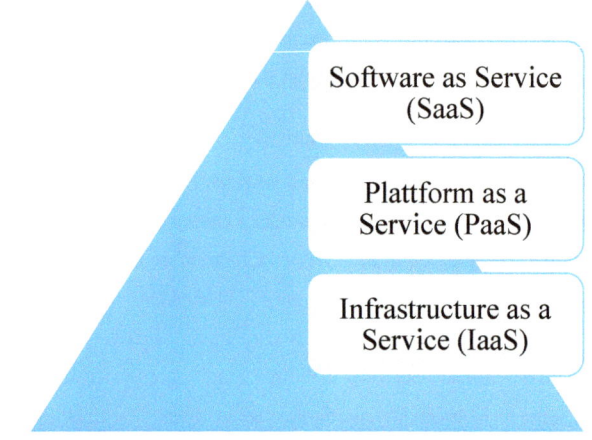

Abbildung 1 Deployment Modelle des Cloud Computings[37]

Der IaaS, stellt sowohl die unterste Abstraktionsschicht dar, als auch die physikalische IT-Basisinfrastruktur in Form von Diensten bereit. Typische Nutzergruppen dieser Leistung sind IT-Dienstleister, Cloud-Provider und Fachabteilungen.[38]

Der IaaS bietet und weist den Usern, die klassischen Bestandteilen einer Rechenzentrumsinfrastruktur wie Hardware, Rechenleistung, Speicherplatz oder Netzwerkressourcen aus der Cloud an bzw. zu. Die Bereitstellung von

---

[36] Vgl. ebd., S.8ff.
[37] In Anlehnung an Reinheimer, S., Cloud Computing, 2018, S. 8ff.
[38] Vgl. ebd., S.8ff.

Rechenzentruminfrastruktur erfolgt durch einen Cloud Provider. Über private oder öffentliche Netzwerke erfolgt der Zugriff auf die Ressource.[39]

Der Anwender des Dienstes kann die (eigenen) Betriebssysteme und Anwendungen kontrollieren, indem er die Infrastruktur aus den benötigten Recheninstanzen und Speichern zusammenführt.[40] Diese IT-Ressourcen stehen dem Nutzer zur Verfügung und ersparen diesem sowohl die Anschaffung, als auch die Verwaltung eigener Hardware. Zudem entfällt, durch den IaaS, auch der Erwerb eigener Rechenzentruminfrastruktur. Die, zwischen dem Nutzer und Dienstleister geregelten, Service Level Agreements (SLAs) definieren die Verfügbarkeiten und Entstörzeiten der Infrastruktur.[41]

Bekannte Vertreter in diesem Bereich sind beispielsweise Amazon mit den Amazon Web-Services oder die Azure-Cloud von Microsoft.[42]

Die "mittlere Schicht" des Cloud Computings aus technischer Sicht, stellt der PaaS dar. Zielgruppen sind Anwendungsentwickler und Systemarchitekten.[43]

Der Service Provider stellt, basierend auf der Cloud Infrastruktur, eine Umgebung zur Entwicklung und Ausführung eigener Applikationen bereit. Die Applikationen des Kunden müssen hierbei passend zu den vom Provider unterstützen Programmiersprachen sein.[44]

Der PaaS stellt kein Angebot an vollständig, ausprogrammierten und ausführbaren Software dar – In Erster Linie hält dieser Service sogenannte Progammierumgebung sowie Ausführungsumgebung bereit, auf deren Basis sich Softwares in bestimmten Programmiersprachen entwickeln und ausführen lassen können.[45]

Im PaaS wird jeder Prozessschritt in der Cloud angeboten, der zu einer vollständigen Software führt. Angefangen vom Design über das Testing und die Einführung bis hin zur Verteilung der Software.[46] Beispielhafte PaaS-Lösungen stellen Anwendungen wie Web-Dienste, Team-Kollaborationen oder Datenbankintegrationen dar.

[39] Vgl. ebd., S.9ff.
[40] Vgl. ebd., S.9ff.
[41] Vgl. ebd., S.9ff.
[42] Vgl. Reinheimer, S., Cloud Computing, 2018, S. 10.
[43] Vgl. ebd., S.10ff.
[44] Vgl. ebd., S.10ff.
[45] Vgl. Braun, C. et al., Cloud Computing, 2010, S.30.
[46] Vgl. Reinheimer, S., Cloud Computing, 2018, S.10.

Bekannte PaaS-Beispiele sind die von Google bereitgestellte Google App Engine oder die von Microsoft entwickelte Azure-Plattform [47]

Die höchste Abstraktionsschicht des Cloud-Computings stellt der SaaS dar. Sie enthält standardisierte Anwendungen, die dem Endnutzer direkt bereitgestellt werden. Der SaaS-Provider stellt die Anwendung direkt über das Internet bereit, somit entfällt eine lokale Software-Installation. Das SaaS-Angebot kann auf Basis eines Angebots in PaaS oder IaaS beim Anbieter entwickelt und betrieben werden.[48]

Der Service Provider ist sowohl für den Betrieb, als auch für die Wartung der Software verantwortlich.[49] Somit sind die Anpassungs- und Integrationsmöglichkeiten von SaaS-Anwendungen beschränkt, da die Software über eine Multi-Tenant-Architektur verteilt und einem großen Empfängerkreis zur Verfügung gestellt wird.[50]

Die Verwendung des SaaS-Konzeptes ist in fast allen Bereichen, in denen auf Standardlösungen zurückgegriffen wird, möglich. Überwiegend findet die Umsetzung im Bereich der CRM- und ERP-Software statt. Grund hierfür ist, der hohe Grad der wiederkehrenden Funktionen und Prozessen, welche sich in den genannten Softwares standardisieren lassen.[51]

Ein Beispiel für das SaaS ist die CRM-Software Salesforce.[52]

---

[47] Vgl. Braun, C. et al., Cloud Computing, 2010, S.32.
[48] Vgl. Reinheimer, S., Cloud Computing, 2018, S.10.
[49] Vgl. Ellenberg, J., Software-as-a-Service 2014, S.6.
[50] Vgl. Reinheimer, S., Cloud Computing, 2018, S.10.
[51] Vgl. Braun, C. et al., Cloud Computing, 2010, S.34.
[52] Vgl. Münzl, G., Reti, M., Pauly, M., Cloud Computing, 2015, S.11.

3. Bewertung des Cloud Computings

In der Darstellung des Begriffes, den Serviceebenen und der Merkmale von Cloud Computing wurde bereits kurz auf einige Vor- und Nachteile eingegangen. Diese sollen nun näher dargestellt werden. Dieser Abschnitt wird zudem später im Rahmen der Bewertung der Microsoft Azure Cloud Praxisbezug erlangen.

3.1. Vorteile des Cloud Computings

Einer der Hauptgründe für die Inanspruchnahme des Cloud Computings, ist Möglichkeit, mithilfe Cloud Computings Kostenvorteile erzielen zu können.[53] Für die meisten Organisationen ist es aus ökonomischen Gesichtspunkten nicht machbar, immer über die aktuellste Soft- und Hardware zu verfügen. Außerdem ist die Beschaffung leistungsfähiger Hardware bei komplexeren Software-Lösungen essentiell, was zu gravierend hohen Kosten führen kann. Zu den Kosten für die Beschaffung der Hardware, kommen noch Kosten für die Personalbeschaffung hinzu, welche für die Aufsetzung, Wartung sowie Betreuung neuer Soft- und Hardware verantwortlich sind.[54] Zudem kommt noch die Problematik der Über- und Unterlizenzierung der Software hinzu. Ferner nehmen die Bereitstellung redundanter IT-Infrastruktur monetäre Mittel in Anspruch. Diese können durch den Einsatz und Nutzung von Cloud-Lösungen reduziert werden.[55] Darüber hinaus werden bei der Cloud-Lösung die tatsächlich verbrauchten Ressourcen verrechnet, während im eigenen Rechenzentrum die maximalen Ressourcen bezahlt werden müssen, um auch die Zeiten maximaler Kapazitätsauslastung Rechenleistung bieten zu können.[56]

Eines der zentralen Merkmale von Cloud-Computing stellt die „gute" bzw. „hohe" Skalierbarkeit dar. Dieses Merkmal ist einer der bedeutendsten Vorteile der Cloud-Lösung. Cloudsysteme sind demnach dynamisch anpassbar und können sowohl „nach oben" als auch „nach unten" skaliert werden, so dass die Reduktion von Ressourcen analog zur Steigerung, derselben annähernde Leistungsminderung oder Leistungssteigerung zur Folge hat.[57] Mit der hohen Skalierbarkeit hängen auch die Flexibilität sowie die Möglichkeit der schnellen Bereitstellung zusammen. Die hohe Skalierbarkeit hat aber auch Vorteile für die Sicherheit und Verfügbarkeit von Cloudsystemen. Im Falle eines Hacker-Angriffes können

---

[53] Vgl. Koch, D., Outsourcing, 2014, S.19.
[54] Vgl. Bedner, M., Cloud Computing, 2012, S.85ff..
[55] Vgl. Bedner, M., Cloud Computing, 2012, S.85ff..
[56] Vgl. Meinel, C. et al., Virtualisierung, 2011, S.85.
[57] Vgl. Bedner, M., Cloud Computing, 2012, S. 90ff.

Ressourcen dynamisch und automatisiert umverteilt werden, so dass negative Konsequenzen auf die Verfügbarkeit des Systems reduziert und minimiert werden können.[58] Kurzfristig auftretender Ressourcenbedarf kann schnell und effektiv aufgefangen werden, indem zusätzliche Ressourcen eines oder mehrerer Cloudanbieter angemietet werden, während in Zeiten geringer Last Kapazitäten ebenso schnell reduziert und gekündigt werden können.[59] Häufig wird das Cloud Computing im Bereich Datenspeicher und Datenverarbeitung eingesetzt. Auf der einen Seite, kann der Mitarbeiter äußerst flexibel und ortsunabhängig auf wichtige Daten zugreifen und somit die Geschäftsprozesse verbessern. Auf der anderen Seite, ist es durch Cloud Computing problemlos beispielsweise möglich mit mehreren Mitarbeitern an einem gemeinsamen Dokument zu arbeiten.[60]

Die ortsunabhängige Bearbeitung von Daten stellt zwar keine Revolution dar, da es auch bisher schon möglich war Daten ins Netz zu stellen, jedoch erfordert das Onlinestellen bislang einen zusätzlichen Schritt des aktiven und gezielten Hochladens durch den Datennutzer. Vergaß dieser beispielsweise auf dem Unternehmensrechner gespeicherte Daten online zu stellen, konnte er auch nicht von außen auf diese zugreifen. Clouddaten hingegen sind von Anfang an „im Netz". Kompliziertes Synchronisieren mit verschiedenen Rechnern und diversen Dateiversionen entfällt.[61]

Cloud Computing wird durch seine Einfachheit geprägt.[62] Die Einfachheit ist vor allem ein Vorteil für Unternehmen, die neu gegründet werden. Start-ups können sich ausschließlich noch auf ihr Hauptgeschäft konzentrieren, statt Zeit und Aufwände für das Planen, Dimensionieren, Ankaufen, Einrichten oder für sonstige Tätigkeiten im Zusammenhang mit der Beschaffung einer lokaler IT zu investieren.[63]

---

[58] Vgl. ebd., S 90ff..
[59] Vgl. ebd., S. 90ff..
[60] Vgl. ebd., S. 90ff..
[61] Vgl. ebd., S.90ff..
[62] Vgl. ebd., S.90ff..
[63] Vgl. ebd., S.93ff.

3.2. Nachteile des Cloud Computings

Durch das Nutzen eines Cloud-Services gerät der Kunde in verschiedene Abhängigkeitsverhältnisse. Auf einer Seite ist er abhängig, von der ihm zur Verfügung stehenden Netzgeschwindigkeit und somit von seinem Netzwerk-Anbieter. Die Schwankungen in der Netzgeschwindigkeit stehen in einer direkten Verbindung mit der Geschwindigkeit der Cloud-Lösungen. Hat der Netzwerk-Provider Funktionalitätsprobleme, kann in dieser Zeit keine Ressource genutzt werden. Ein Totalausfall des Netzes würde zu einem Totalausfall der Cloud führen.[64]

Eine weitere Art der Abhängigkeit wird als „Lock-in-Effekt" bezeichnet. Dabei wird der Systemzustand beschrieben, dass sich ein Anwender von einem Cloud-Provider so abhängig macht, dass die eigenen Daten und Services sich nicht anderweitig portiert und verwendet lassen können. Der Lock-In-Effekte und die daraus folgende Abhängigkeitsverhältnisse entstehen durch herstellergebundene Software und Schnittstellen eines Anbieters. Der Lock-In Effekt kann sogar so weit gehen, dass ein Nutzer die Daten nicht nur nicht zu Konkurrenzanbietern, sondern auch nicht mehr auf eigene lokale IT-Systeme migrieren kann. [65]

Besondere Gefahren ergeben sich durch das Scheitern der Geschäftsbeziehungen, sei es im Streit oder einfach durch das Einstellen der Services des Cloudproviders, bspw. durch Insolvenz.

Bei einer Insolvenz des Cloudanbieters besteht die Gefahr, dass die, bei im vorgehaltenen Daten, für den Kunden entweder überhaupt nicht mehr nutzbar sind oder mit hohem finanziellem und personellem Aufwand anpassbar gemacht werden müssen. Notfalls muss der Kunde hierfür Hardware des ehemaligen Anbieters erwerben.[66]

Ein weiteres Risiko, die die Nutzung des Cloud-Computing mit sich bringt, ist die Gefahr der Ausfallzeiten auf Seiten des Cloud-Service-Providers (CSP). Denn ist ein CSP nicht in der Lage, aufgrund von technischen oder organisatorischen Einflüssen, den Cloud Service zu erbringen, trägt dies zu einem gravierenden wirtschaftlichen Risiko für den Anwender bei. Ein weiterer Punkt, der sich aus der Gefahr der Ausfallzeiten ergibt, ist die unzureichende Performance. Ist ein Cloud-Service Provider nicht in der Lage den Cloud

---

[64] Vgl. ebd, S.93ff.
[65] Vgl. ebd., S.93ff.
[66] Vgl. Barton, T., E-Business, 2014, S. 47

Service bei erhöhter Nutzung entsprechend anzupassen, kann es mitunter zu kurzfristigen Kapazitätsproblemen kommen, worunter die Performance leidet.[67]

Um lang-und kurzfristige Ausfallzeiten zu vermeiden, verwenden CSP in der Regel Hochverfügbarkeits-Architekturen. Der Anwender ist hier in der Lage, benötigte technische Anpassungen an den Cloud-Services vorzunehmen. Er muss vielmehr darauf hoffen, dass die CSP erforderliche Anpassungen planen, sicher und ohne negative Konsequenzen auf die Verfügbarkeit oder Performance des Cloud-Services durchführen.[68]

Die Themen Datensicherheit und Datenschutz stellen sicherlich die größten Risikofaktoren beim Einsatz von der Cloud-Services im Unternehmenskontext dar.[69]

Obwohl Daten des Unternehmens, die keine personenbezogenen Daten sind, und nicht unter datschenschutz-rechtliche Schutzvorschriften fallen, sind diese für das Unternehmen datenrechtlich relevant. Diese Daten können besonderes technisches Know-how oder andere Betriebsgeheimnisse wie z.B. Kundenlisten oder Kalkulationsgrundlagen beinhalten, welche nicht in die Hände von Dritten gelangen dürfen. Bei der Verwendung Private Clouds kann dieses Thema teilweise vernachlässigt werden, da keine zusätzlichen Sicherheitsrisiken im internen Firmennetzwerk entstehen. Somit bezieht sich der Abschnitt überwiegend auf die Public Cloud und die Hybride Cloud.[70]

Unternehmen, die ihre Daten in die Cloud auslagern, verlieren den direkten Einfluss auf die Verfügbarkeit, Integrität sowie Vertraulichkeit der eigenen Daten.[71]

Die Gefahr der Datensicherheit bei Cloud-Computing ist durchaus gegeben, da Cloud-Service Provider ein attraktives Ziel für Hacker und Cyberangriffe darstellen. Cyberangriffe richten sich gegen die einzelnen Cloud-Services oder einen Cloud-Service Anbieter, erfolgen über eine Internetverbindung und haben das Ziel, die Sicherheitsstufen der Systeme zu überwinden, um u.a. sensible oder geheime Daten auszuspähen.[72]

Beim Cloud-Computing werden Daten mitunter in den weltweit verteilten Rechenzentren des Cloud Service Providers verarbeitet, ohne dass der Benutzer des Cloud-Services mitunter Kenntnis darüber hat, „wie", „wo" und „durch wen" die Verarbeitung erfolgt[73]

Der Artikel 4 der Datenschutzrichtline 95/46/EG in Verbindung mit §1 Absatz 5 Bundesdatenschutzgesetz besagt, welches nationale (Datenschutz)-Recht im Zuge des Cloud

---

[67] Vgl. Brünger, Damhorst, S, Lissen, C., IT-Services, 2014, S. 27ff..
[68] Vgl. Brünger, Damhorst, S, Lissen, C., IT-Services, 2014, S. 31ff..
[69] Vgl. Barton, T., E-Business, 2014, S. 47.
[70] Vgl. Brünger, Damhorst, S, Lissen, C., IT-Services, 2014, S. 31ff..
[71] Vgl. ebd., S.31ff..
[72] Vgl. ebd., S.31ff.
[73] Vgl. ebd., S.31ff.

Computings zum Tragen kommt. Hierbei lässt sich in zwei Anwendungsfällen differenzieren:[74]

Hat Nutzer des Cloud-Services seinen (Unternehmens-)Sitz innerhalb der Europäischen Union (EU) oder den Ländern des Europäischen Wirtschaftsraum (EWR), so wird das Recht des Landes, in dem sich der Benutzer befindet, angewendet.

Sitzt der Benutzer des Cloud-Services außerhalb der EU oder den Ländern des EWR, und der Cloud-Service Provider innerhalb der EU oder des EWR, so ist gilt das Recht des Staates indem der Cloud-Service Provider seinen Sitz hat. [75]

4. Microsoft Azure Cloud

In den vorausgegangenen Kapiteln wurde vom Autor u.a. die technische Architektur für Cloud Services beschrieben. Die einzelnen Cloud Services kamen hierbei kaum bis gar nicht zur Sprache.

Es gibt eine große Auswahl an verschiedenen Cloud Anbietern, wie bspw. Amazon Web Services, Google App Engine und Salesforce.com oder auch die Microsoft Azure Cloud. Neben den „Big Playern", gibt es aber auch eine Reihe von Mittelständler und Start-Ups, die mit ihren innovativen Entwicklungen eine wichtige Rolle auf dem Cloud Computing Markt spielen.[76]

Im Rahmen dieser Seminararbeit wird als Praxis-Beispiel für das Cloud-Computing die Microsoft Azure Cloud herangezogen. In diesem Kapitel wird vom Autor, sowohl, zum einen auf die Funktionsweise, als auch auf die Chancen und Risiken der Azure-Plattform eingegangen.

4.1. Begriff und Konzept von Microsoft Azure

Die Windows-Azure Plattform stellt die Cloud Lösung von Microsoft dar. [77]

Windows Azure basiert auf den bereits vorhandenen Cloud-Services von Microsoft und erweitert, die bereits vorhandenen Dienste, um weitere Funktionalitäten. Betrieben wird die Cloud-Plattform dabei in den Rechenzentren von Microsoft.[78]

---

[74] Vgl. ebd., S.31ff.
[75] Vgl. ebd., S.31ff.
[76] Vgl. Braun, C. et al., Cloud Computing, 2010, S. 39.
[77] Vgl. https://azure.microsoft.com/de-de/overview/what-is-azure/, Zugriff 04.01.2019.
[78] Vgl. https://www.filemakerkonferenz.com/2011/downloads/FileMaker%20in%20de

Grundsätzlich stellt die Azure Plattform spezielle Infrastruktur- und Anwendungsdienste bereit, welche Einzel oder in Kombination genutzt werden können.[79] Somit eröffnen sich für Entwickler zum einen die Möglichkeit, die MS-Cloud als Dritte Nutzungsalternative, neben dem Betrieb vor Ort und dem Betrieb bei einem Hosting Partner, anzubieten, und zum anderen werden durch die Azure-Cloud auch eine Reihe von Services zur Verfügung gestellt, welche wiederum zur Erweiterung und Anreicherung der eigenen Applikationen verwendet werden können.[80]

Microsoft bietet Windows Azure als einen "Pay-as-you-use Service" an.[81]

Der Iaas wird von MS insofern abgebildet, dass Unternehmen auf virtuellen Servern Dienste installieren und diese auch wie lokale Server verwalten und überwachen können. Parallel dazu ist es auch möglich, Microsoft Azure als PaaS-Dienst zu nutzen. Bei PaaS verwenden Unternehmen Dienste in der Cloud, wie SQL oder Azure Active Directory. Azure bietet auch die Möglichkeit, PaaS und IaaS zu mischen. So können Unternehmen mit Microsoft Azure Virtual Machines zum Beispiel Server breitstellen, auf denen Dienste bereits installiert und konfiguriert sind. In diesem Fall werden keine eigenen Server in der Cloud betrieben, sondern Serverdienste.[82] Das SaaS-Angebot bietet unter anderem ein Tool zur Erstellung einer Website, eine Funktion für Webkonferenzen, E-Mail und Kalender sowie die bekannte Office-Software in der Cloud, um online Dokumente zu erstellen, zu speichern und zu bearbeiten.[83]

4.2. Aufbau und Bestandteile von Microsoft Azure

Die MS Azure Plattform besteht grundsätzlich aus zwei Komponenten: Zum einen aus dem Betriebssystem Windows Azure, welche als Laufzeitumgebung für Cloud Anwendungen verwendet wird und gleichzeitig die Basis für die Azure Services darstellt. Die Zweite Komponente stellt der Azure Service dar, der sich wiederum in folgende Teile aufteilt:[84]

%20Wolken%20by%20Volker%20Krambrich/Windows%20Azure%20MS5533_LESEPROBE.pdf, Zugriff am 01.02.2019.
[79] Vgl. https://azure.microsoft.com/de-de/overview/what-is-azure/, Zugriff 12.02.2019.
[80] Vgl. https://www.filemakerkonferenz.com/2011/downloads/FileMaker%20in%20de %20Wolken%20by%20Volker%20Krambrich/Windows%20Azure%20MS5533_LESEPROBE.pdf, Zugriff am 01.02.2019.
[81] Vgl. https://azure.microsoft.com/de-de/overview/what-is-azure/, Zugriff 30.01.2019.
[82] Vgl. https://t3n.de/news/cloud-hosting-anbieter-vergleich-865048/, Zugriff 30.01.2019.
[83] Vgl. https://www.cloudcomputing-insider.de/was-ist-microsoft-azure-a-667912/, Zugriff 30.01.2019.
[84] Vgl. Vgl. https://www.filemakerkonferenz.com/2011/downloads/FileMaker%20in%20de %20Wolken%20by%20Volker%20Krambrich/Windows%20Azure%20MS5533_LESEPROBE.pdf, Zugriff am 01.02.2019.

Eine Unterfunktion stellt der Live Services dar. Hierunter lassen sich Anwendungsdienste verstehen, welche sich für Software im Bereich des Social Computing oder Enterprise 2.0 verwendet werden. Im .NET Services werden infrastrukturelle Dienste für Cloud oder auf vor Ort betriebenen Systemen bereitgestellt. Der SQL Azure beschreibt einen Datenbankdienst in der Cloud, welcher auf der dem Microsoft SQL Server basiert. Und abschließend stellen die Sharepoint Services und Dynamics CRM Services Geschäftsanwendungen und Software für das Kundenmanagement dar [85]

4.3. Bewertung von Microsoft Azure

Microsoft Azure zeichnet sich vorrangig durch seine vereinfachte Kapazitätsplanung aus. Die Verantwortung obliegt den Microsoft Rechenzentren, welche je nach Bedarf des Nutzers die notwendigen Kapazitäten jeweils steigert oder verringert. Vor allem für Unternehmen, in denen die Inanspruchnahme der Dienste stark schwankt, ist das ein erheblicher Vorteil.[86] Für das, den Cloud-Service in Anspruch nehmenden, Unternehmen entfällt somit die Planung der benötigten Kapazitäten. Zudem entfallen die Kosten für die Errichtung eines eigenen Rechenzentrums, aus Sicht des Unternehmens.[87]

Microsoft garantiert eine bestimmte Dienstqualität für den Betrieb der Cloud. Falls diese nicht erreicht wird, wird das nutzende Unternehmen in Form von Gegenleistungen entschädigt, welche im Vorhinein vertraglich festgelegt worden sind.[88]

Insbesondere für Unternehmen die (weltweit) verteilte Standorte haben, bietet Azure eine globale Verfügbarkeit rund um die Uhr an. Unternehmen haben die Möglichkeit, beim Anlegen eines Projektes eine Lokation zu wählen, in der die Anwendungskomponenten in einem dort sitzenden Rechenzentrum ausgeführt wird. Somit bietet sich für den Kunden die Option, Antwortzeiten für die Anwender zu verbessern, indem sie für IT-Funktionen den Sitz wählen, der möglichst nah am Anwender liegt.[89]

Durch die von Azure, angebotene Standartschnittstellen, besteht die vereinfachte Integration der bereits bestehenden Systemlandschaften. Unternehmen können somit eigene Software direkt anbieten und über die Cloud zugänglich machen. Zudem hat Softwareentwickler, die

---

[85] Vgl. https://baunvorlesungen.appspot.com/SEM0910/Dokumente/CLCP_WS0910_
olger_Reitz_Windows_Azure_Ausarbeitung.pdf, Zugriff am 31.01.2019.
[86] Vgl. https://www.filemakerkonferenz.com/2011/downloads/FileMaker%20in%20%20de
%20Wolken%20by%20Volker%20Krambrich/Windows%20Azure%20MS5533_LESEPROBE.pdf, Zugriff am
01.02.2019.
[87] Vgl. ebd.
[88] Vgl. ebd.
[89] Vgl. ebd.

im Umgang mit Microsoft-Entwicklungstechnologien Erfahrung haben, wird der Umstieg auf Azure so einfach wie möglich gemacht. Denn sie können in ihrer gewohnten Entwicklungsumgebung und mit bekannten Technologien Softwares schreiben.[90] Durch Azure lassen sich kurzfristig große Infrastrukturen bereitstellen, die nach einer bestimmten Nutzungszeit auch deaktiviert werden können. Dieser Vorzug ist vor allem bspw. für Werbeagenturen interessant, die in der Regel zeitlich befristete Web-Kampagnen abwickeln wollen. [91]

Auch für Start-Ups stellt die Flexibilität der Azure Cloud ein entscheidender Vorteil bei der Wahl eines Betriebsmodells für die Anwendungen dar. In der Phase, die Kapazitätsplanung, insbesondere durch die unsichere Erfolgsprognose geprägt wird, bringt eine Infrastruktur, die durch eine hohe Anpassbarkeit geprägt ist, einen deutlichen Vorteil gegenüber anderen Betriebsmodellen. Nachdem der Betrieb nutzungsabhängig vergütet wird, entlastet das Cloud Computing mit Azure die IT-Kosten insofern, dass jene keine eigene Hardware-Infrastruktur aufbauen muss.[92]

Allerdings gibt es auch einige Argumente, die gegen die Microsoft Azure Cloud sprechen. Ein Punkt ist die Abhängigkeit zu einem CSP, der in dem Kapitel 3.2. bereits thematisiert worden ist.

Als Beispiel lässt sich hierzu folgende Situation, die sich vor kurzer Zeit zugetragen hat, nennen: Am 29. Januar 2019 kam es bei Microsoft zu Störungen bei Microsoft 365. Als Folge waren eine Reihe Microsoft-Dienste von Azure über Exchange Online bis zu Sharepoint Online für Cloud-Nutzer zeitweise nicht verfügbar. Für einige Kunden, die Microsofts Azure SQL-Datenbanken verwenden, hatte das aber viel schlimmere Folgen, ihre Datenbanken plötzlich gelöscht worden sind.[93] Microsoft bemühte sich darum, die verlorenen Daten mittels Snapshot Backup wiederherzustellen. Diese können aber im worst case bis zu fünf Minuten älter sein, als die gelöschten Datenbanken. Alle Datentransaktionen, die in dieser Zeitspanne durchgeführt wurden, sind damit unwiederbringlich gelöscht.[94]

---

[90] Vgl. ebd.
[91] Vgl. ebd.
[92] Vgl. ebd.
[93] Vgl.https://www.heise.de/newsticker/meldung/Stoerung-in-Microsofts-Cloud-fuehrt-zu-Datenbankverlusten-bei-Azure-4295224.html, Zugriff 03.02.2019.
[94] Vgl. https://www.heise.de/newsticker/meldung/Stoerung-in-Microsofts-Cloud-fuehrt-zu Datenbankverlusten-bei-Azure-4295224.html, Zugriff am 27.01.2019.

Zudem ist Azure von einigen (Programmier-)Fehlern geprägt. Es gibt auch keine Möglichkeit für einen kostenfreien Support bei Bugs. Hierfür müsste ein extra Support-Account bezogen und vergütet werden.[95]

Ein weiterer Punkt, der noch gegen eine Nutzung der Microsoft-Lösung sprechen würde bzw. grundsätzlich gegen eine Nutzung des Cloud Computings spricht, ist jener der Datensicherheit.

Microsoft ist dahingehend sehr transparent und ermöglicht den Nutzern einen Einblick, wie die Daten administriert werden und den Ort der Datenspeicherung. Mit dem Bau der Rechenzentren in Frankfurt und Magdeburg, ist Microsoft den Wunsch vieler deutschen Unternehmen nachgekommen, die Daten ausschließlich in deutschen Rechenzentren zu speichern und zu verarbeiten, nachgekommen[96]

Trotz alledem müssen sich Unternehmen bewusst sein, die ihre Daten in der Cloud speichern, dass sie die Hoheit über ihre eigenen Daten mit der Auslagerung in die Cloud verlieren.

---

[95] Vgl. https://blog.iphos.com/softwareentwicklung/vor-nachteile-der-microsoft-cloud-services-azure/, Zugriff am 27.01.2019.
[96] Vgl. https://docs.microsoft.com/de-de/azure/germany/germany-overview-data-trustee, Zugriff am 27.01.2019.

5. Schlussbetrachtung und Fazit

Die Vorstellungen und Absichten, auf denen des Cloud Computing basiert, gehen bis in die 1960er zurück. Schon damals entstand die Idee, entwickelt Rechenleistung und Anwendungen als Utility der Öffentlichkeit gegen eine Nutzungsgebühr verfügbar zu machen. Dass der Durchbruch erst knapp 60 Jahre später bevorsteht, ist mit den technischen Voraussetzungen verknüpft, die zur damaligen Zeit einfach noch nicht gegeben waren.[97]

Cloud Computing symbolisiert den service- und anwendungsorientierten Trend der heutigen Informationstechnologie, bei dem verteilte und hoch skalierbare Infrastrukturen über das Internet angepasst werden können und Applikationen und Dienste an jedem Ort, zu jeder Zeit verfügbar sind.[98]

Die Microsoft Azure Cloud bietet eine Vielzahl von Chancen, birgt aber auch einige Risiken. Unternehmen können durch den Einsatz von Cloud Computing ihre IT-Gesamtausgaben deutlich reduzieren und gleichzeitig die Qualität, Sicherheit aber vor allem ihre Arbeitsabläufe messbar steigern. Azure kann die Skaleneffekte nutzen, indem sie ihre Kosten über eine große Anzahl von Kunden verteilen. Damit entsteht die Möglichkeit der Investitionen in den Betrieb und die Sicherheit der eigenen Rechenzentren, im Vergleich zu herkömmlichen Rechenzentrums Betreibern zu erhöhen. Dennoch ist das fehlende Vertrauen in Datenschutz und Datensicherheit das größte Hemmnis für Cloud Computing und somit für MS Azure.[99]

In der Zukunft werden noch viele weitere Teile der IT-Infrastruktur in Unternehmen vom Cloud Computing erfasst und verschlankt werden. Da die immer mehr Dienste in die Cloud ausgelagert werden, die Datenverbindungen immer schneller werden und die Cloud-Dienste immer leistungsfähiger werden, wäre die Konsequenz, dass ganze Betriebssysteme in die Cloud ausgelagert werden.

---

[97] Vgl. https://www.crisp-research.com/research/analyst-views/page/60/, Zugriff 25.02.2019.
[98] Vgl. https://www.crisp-research.com/cloud-computing-definition/, Zugriff 25.02.2019.
[99] Vgl. https://www.filemakerkonferenz.com/2011/downloads/FileMaker%20in%20de
%20Wolken%20by%20Volker%20Krambrich/Windows%20Azure%20MS5533_LESEPROBE.pdf, Zugriff am
01.02.2019.

„Cloud first – mobile first" so lautet das berühmte Motto, mit dem Microsoft Chef Satya Nadella sein Amt bei Microsoft angetreten hat.[100] Und genau dieses Motto unterstreicht, die diesen Paradigmenwechsel der Auslagerung von Betriebssystemen in die Cloud.

Denn Microsoft arbeitet, Gerüchte zur Folge, an einer sogenannte „Windows-Cloud", die im Jahr 2020 die stationäre Windows Version ersetzen sollen.[101]

Dies würde bedeuten, dass man durch jeden beliebigen Windows basierten PC auf seinen persönlichen "Computerschreibtisch" zugreifen kann. Dadurch würde Windows zu einem Service werden, der sich kontinuierlich weiterentwickelt und die üblichen Versionen (Bsp. Windows 10) abschafft.[102]

---

[100] Vgl. http://emerset.com/insights-and-resources/product-licensing-agreements/cloud-first-mobile-first-mean/, Zugriff am 27.02.2019.

[101] Vgl. https://windowsunited.de/kommt-2020-die-windows-cloud-microsoft-plant-angeblich-schon-den-windows-nachfolger/, Zugriff am 01.02.2019.

[102] Vgl. https://windowsunited.de/kommt-2020-die-windows-cloud-microsoft-plant-angeblich-schon-den-windows-nachfolger/, Zugriff am 01.02.2019.

LITERATURVERZEICHNIS

Appelrath, Hans-Jürgen, Kagermann, Henning, Mayer, Christoph (Future, 2012): Future
Energy Grid. Migrationspfade ins Internet der Energie (Acatech Studie), Heidelberg:
Springer Verlag, 2012

Barton, Thomas (E-Business, 2014): E-Business mit Cloud Computing
Grundlagen, praktische Anwendungen, verständliche Lösungsansätze,
Wiesbaden: Springer Verlag, 2014

Bedner, Mark (Cloud Computing, 2012): Cloud Computing. Technik, Sicherheit und
rechtliche Gestaltung, Kassel: Kassel University Press GmbH, 2013

Braun, Christian, Kunze, Marcel, Nimis, Jens, Tai, Stefan (Cloud Computing, 2010):
Cloud Computing. Web-basierte dynamische IT-Services, 2. Auflage, Berlin,
Heidelberg: Springer Verlag, 2010

Brünger, Christian, Damhorst, Stephan, Lissen, Nina, (IT-Services, 2014): IT-Services
in der Cloud und ISAE 3402. Ein praxisorientierter Leitfaden für eine
erfolgreiche Auditierung, Berlin, Heidelberg: Gabler Verlag, 2014

Ellenberg, Johannes (Software-as-a-Service, 2014): Preispolitik im Software-as-a
Service Markt: Deskriptive Analyse und Bewertung, Hamburg: Diplomica Verlag
GmbH, 2014

Hilber, Marc, Schmidt, Otto (Cloud Computing,2014): Handbuch Cloud Computing,
Köln: Verlag Dr. Otto Schmidt, 2014

Kohne, Andreas (Cloud-Föderationen, 2018): Cloud-Föderationen – SLA-baierte VM
Scheduling-Verfahren, Wiesbaden: Springer Verlag, 2018

Kroschwald, Steffen (Cloud, 2015): Informationelle Selbstbestimmung in der Cloud –
Datenschutzrechtliche Bewertung und Gestaltung des Cloud Computing aus dem
Blickwinkel des Mittelstands, Stuttgart: Springer Verlag, 2016

Koch, Daniel (Cloud, 2014): Outsourcing einer Schulungsumgebung mit Hilfe des
Cloud Computings: Eine kostenbasierte Untersuchung, Hamburg: Diplomica Verlag
GmbH, 2014

Eckert, Claudia, Krcmar, Helmut, Roßnagel, Alexander, Sunyaev, Ali, Wiesche,
Manuel (Cloud-Services, 2018): Management sicherer Cloud-Services.
Entwicklung und Evaluation dynamischer Zertifikate, Wiesbaden: Springer
Gabler, 2018

Meinel, Christoph, Willems, Christian, Roschke, Sebastian, Schnjakin, Maxim (Cloud
Computing, 2011): Virtualisierung und Cloud Computing: Konzepte,
Technologiestudie, Marktübersicht (Technische Berichte des Hasso-Plattner
Instituts für Softwaresystemtechnik an der Universität Potsdam), Potsdam:
Universitätsverlag Potsdam, 2011

Münzl, Gerald, Reti, Martin, Pauly, Michael, (Cloud Computing, 2015): Cloud
Computing als neue Herausforderung für Management und IT, Heidelberg, Berlin:
Springer Vieweg, 2015

Reinheimer, Stefan (Cloud Computing, 2018): Cloud Computing. Die Infrastruktur der
Digitalisierung, Wiesbaden: Springer Vieweg, 2018

Internetquellen

Bundesamt für Sicherheit in der Informationstechnik (Cloud Computing, o.J.): Cloud
Computing Grundlagen,
https://www.bsi.bund.de/DE/Themen/DigitaleGesellschaft/CloudComputing/
rundlagen/Grundlagen_node.html, (Zugriff 2019-02-25, 20:00 MEZ)

Bundesverband Informationswirtschaft, Telekommunikation und neue Medien e.V.
(Cloud Computing, 2009): Cloud Computing – Evolution in der Technik,
https://www.bitkom.org/sites/default/files/file/import/090921-BITKOM-Leitfaden-
CloudComputing-Web.pdf, (Zugriff 2019-02-22, 23:25 MEZ)

Born, Günter (Azure, 2019): Störung in Microsfts Cloud führt zu Datenbankverlusten
Bei Azure, https://www.heise.de/newsticker/meldung/Stoerung-in-Microsofts-
Cloud-fuehrt-zu-Datenbankverlusten-bei-Azure-4295224.html, (Zugriff 2019-02-25,
24:00 MEZ)

Emerset Consulting Group (Microsoft, o.J.): Cloud first, mobile first – What does it
mean?, http://emerset.com/insights-and-resources/product-licensing
agreements/cloud-first-mobile-first-mean/, (Zugriff 2019-02-27, 18:00 MEZ)

Gruber, Dominik (Azure, 2017): Vor- und Nachteile der Microsoft Cloud Services (Azure),
https://blog.iphos.com/softwareentwicklung/vor-nachteile-der-microsoft-cloud-s
ervices-azure/, (Zugriff 2019-02-25, 19:00 MEZ)

Karlstetter, Florian (Azure Cloud, 2017): Definition IaaS, PaaS und SaaS aus der Microsoft
Azure Cloud. Was ist Microsoft Azure?, https://www.cloudcomputing-insider.de/was-ist-
microsoft-azure-a-667912/, (Zugriff 2019-02-25, 12:15 MEZ)

Microsoft Azure (Azure, o.J.): Was ist Azure?,

https://azure.microsoft.com/dede/overview/what-is-azure/>, (Zugriff 2019-02-25, 23:00 MEZ)

Reitz, Holger (Azure, 2010): Windows Azure Ausarbeitung, https://baunvorlesungen.appspot.com/SEM0910/Dokumente/CLCP_WS0910_ olger_Reitz_Windows_Azure_Ausarbeitung.pdf (Zugriff 2019-02-15, 22:10 MEZ)

Sirtl, Holger (2009): Cloud Computing mit der Windows Azure Plattform. Entwicklung, Integration und Betrieb Cloud basierter Software, https://www.filemakerkonferenz.com/2011/downloads/FileMaker%20in%20de %20Wolken%20by%20Volker%20Krambrich/Windows%20Azure%20MS 5533_LESEPROBE.pdf, (Zugriff 2019-02-01, 24:35 MEZ)

T3n (2017): Marktübersicht Cloud-Hosting: Die wichtigsten Anbieter im Überblick <https://t3n.de/news/cloud-hosting-anbieter-vergleich-865048/> (2017-10-27) (Zugriff 2019-02-2019, 22:45 MEZ)

WindowsUnited (2015): Kommt 2020 die Windows Cloud? Microsoft plant angeblich schon den Windows 10 Nachfolger., https://windowsunited.de/kommt-2020- die-windows-cloud-microsoft-plant-angeblich-schon-den-windows-nachfolger/, (Zugriff 2019-02-25, 23:39 MEZ)